# Einsendeaufgabe zur Trainingsplanung für ein Mesozyklus-Ausdauertraining

K. Becker

**Bibliografische Information der Deutschen Nationalbibliothek:**

Die Deutsche Nationalbibliothek verzeichnet diese Publikation in der Deutschen Nationalbibliografie; detaillierte bibliografische Daten sind im Internet über http://dnb.d-nb.de abrufbar.

ISBN: 9783346589316
Dieses Buch ist auch als E-Book erhältlich.

Druck und Bindung: Books on Demand GmbH, Norderstedt Germany
Gedruckt auf säurefreiem Papier aus verantwortungsvollen Quellen

Das vorliegende Werk wurde sorgfältig erarbeitet. Dennoch übernehmen Autoren und Verlag für die Richtigkeit von Angaben, Hinweisen, Links und Ratschlägen sowie eventuelle Druckfehler keine Haftung.

Das Buch bei GRIN: https://www.grin.com/document/1168220

Deutsche Hochschule für
Prävention und Gesundheitsmanagement
Hermann Neuberger Sportschule 3
66123 Saarbrücken

# Einsendeaufgabe

**Fachmodul:**          Trainingslehre II

**Studiengang:**          Gesundheitsmanagement Bachelore of Arts

**Datum**
**Präsenzphase:**          28.10.2019 – 30.10.2019

**Studienort:**          Düsseldorf

**Semester:**          WS 2018

# Inhaltsverzeichnis

# 1 Diagnose

## 1.1 Allgemeine und biometrische Daten

Zur individuellen Trainingsplanerstellung werden sowohl allgemeine, wie auch biometrische Daten benötigt. In der folgenden Tabelle werden die relevanten Daten der Testperson übersichtlich dargestellt.

**Tabelle 1: Leistungs- und Gesundheitsparameter der Testperson**

| | |
|---|---|
| Geschlecht | Weiblich |
| Alter | 28 Jahre |
| Körpergröße | 164 cm |
| Gewicht | 64 kg |
| Sportliche Aktivität | Samstags übt sie jeweils zwei Stunden Nordic Walking, auf Amateur-Niveau, mit ihrem Verein aus. Tägliches gemäßigtes Fahrrad fahren zur ihrer Arbeitsstelle hin und zurück, die 2km weit entfernt ist. Früher hat sie im Verein Fußball auf Amateur-Niveau gespielt. |
| Beruf | Steuerfachangestellte |
| Verfügbare Zeit | Dreimal die Woche, jeweils 1 - 1,5 Stunden |
| Trainingsziele | Nächstes Jahr im Firmenteam den Halbmarathon zu bewältigen. Figurformung, Muskelanteil erhöhen und Körperfettanteil verringern. |
| Taille-Hüft-Quotient | 0,81 |
| BMI | 23,8 kg/m² |
| Körperfettanteil | 30,1 % |
| Blutdruck | 128 mmHg systolisch / 82 mmHg diastolisch |
| Ruhepuls | 83 S/min |
| Vorerkrankungen | Tinnitus, gelegentliche Kopfschmerzen bei Stress |
| Medikamente | Gelegentlich Ibuprofen gegen die Kopfschmerzen |

Anhand des Gewichts, Alters, Geschlechts und der Körpergröße können die biometrische Parameter bewertet werden.

Der Ruhepuls, der den Ausdauerleistungszustand mitbestimmt, liegt bei der Testperson mit einem Wert von 83 S/min im erhöhten und schlechten Bereich. Dies konnte mittels der Ruhe Puls Bewertung des National Vital Statistics Reports festgestellt werden (Ostchega Y, Porter KS, Hughes J, et al., 2011). Dass der Puls trotz der täglichen sportlichen Betätigung so hoch ist kann mit einer genetischen Veranlagung erklärt werden.

Dahin gegen ist der Blutdruck mit 128/82 mmHg im normalen Bereich. Als Referenzwert wurde der Hypertension Report genutzt. (WHO-ISH, 1999, S. 151-183).

Mit dem erreichten BMI Wert von 23,8 kg/m² befindet sich die Probandin, laut der BMI Gewichtsklassifikation, in der Gewichtsklasse Normalgewicht (WHO, 2000, S.9). Bezieht man den Taille-Hüft-Quotient (WHR) zum Körperfettanteil von 30,1 % hinzu, wird das Fettverteilungsmuster angegeben.

Der WHR von 0,81 zeigt minimal eine stärkere Verteilung des Körperfetts um die Körpermitte herum. Da der Wert in der Waist to Hip Ratio, der Deutschen Gesellschaft für Sportmedizin und Prävention (DGSP), den Normalbereich leicht überschreitet, weißt dies auf eine leichte Tendenz zum androiden Fettverteilungsmuster hin, welches bei Zunahme ein erhöhtes Gesundheitsrisiko darstellen kann (DSPG, 2013).

Da die Probandin weder medikamentöse noch krankheitsbedingte Kontraindikatoren aufweist, ist die Trainingsplanerstellung im Ausdauerbereich möglich. Da sie ihre sitzende Tätigkeit im Beruf mit moderatem Sport ausgleicht, und auch gesundheitlich unbedenkliche biometrischen Parameter besitzt, ist ihr Ziel realisierbar.

## 1.2 Leistungsdiagnostik und Ausdauertestung

Zur Beurteilung der Ausdauerleistungsfähigkeit wird als Stufentest auf dem Fahrradergometer der Hollmann-Venrath-Test verwendet. Die Testform wurde aufgrund der Leistungs- und Gesundheitsparameter der Testperson ausgewählt. Da sie durchschnittlich trainiert ist und ihr mindestens 150 Watt zugetraut werden können, fällt sie unter die Zielgruppe des Hollmann-Venrath-Tests. Für ein unverfälschtes Ergebnis wird die Probandin vor der Testung angewiesen keinen Kaffee zu verzehren und intensivere Belastungen drei Tage vor der Testung zu vermeiden.

Die Pulsobergrenze wurde mittels der Voreinstufung nach dem IPN- Test, festgelegt, welche bei 150 S/min liegt. Da sie moderates Ausdauertraining betreibt, wird ein Pulsaufschlag von 5 S/min hinzu addiert (Trunz, 2001; IPN, 2004, S. 4). Somit liegt die Pulsobergrenze bei 155 S/min.

In der folgenden Tabelle wird der Testverlauf, mit Testprotokoll inklusive testrelevante Parameter, chronologisch dargestellt.

4

**Tabelle 2: Ausdauertestung der Probandin**

| Name: Testperson<br>Geschlecht: weiblich<br>Alter: 28<br>Gewicht: 64 kg<br>Ruhepuls: 83 S/min<br>Blutdruck: 128 /82 mmHg | Testform: Hollmann-Venrath-<br>Test<br>Belastungsart: submaximale<br>Belastung | Eingangsbelastung: 30 Watt<br>Stufendauer: 3 min<br>Belastungssteigerung: 40 Watt<br>Trittfrequenz: 60-80 U/min<br>Pulsobergrenze: 150 S/min<br>Abbruchgrenze: 156 S/min |
|---|---|---|

**Eingangstest 08.11.2019**

| Zeit (min) | Watt | Hf 1 (S/min) | Hf 2 (S/min) | Hf 3 (S/min) | |
|---|---|---|---|---|---|
| 0 - 3 | 30 | 88 | 95 | 89 | Watt gesamt: **150** |
| 3 - 6 | 70 | 95 | 101 | 101 | Watt/kg: **2,34** |
| 6 - 9 | 110 | 108 | 120 | 129 | |
| 9 - 12 | 150 | 139 | 138 | 149 | Ergebnis: ☺ (gut trainiert) |
| 12 - 15 | 190 | 156 | / | / | |

Die Testperson erreichte in der Ausdauertestung nach 12 Minuten einen Zielwert von 150 Watt, bis der Test durch die Überschreitung der Pulsobergrenze abgebrochen werden musste.

Die ermittelten Daten ergaben, nach der Normtabelle für submaximale Radergometertests, ein Ergebnis mit einem lächelnden Smiley, das für eine gut trainierte Ausdauerleistungsfähigkeit steht. Demnach kann eine Ableitung zur individuellen Trainingsempfehlungen, mit dem entsprechenden Intensitäts- bzw. Belastungsfaktor 0,64 erfolgen (IPN, 2008, S. 8).

## 1.3 Gesundheits- und Leistungsstatus der Person

Bezugnehmend auf die allgemeinen und biometrischen Parameter, liegt der Gesundheitsstatus der Probandin im durchschnittlichen Bereich. Sie neigt weder zu Übergewicht und weist keine Einschränkungen des Herz-Kreislauf-Systems auf. Auch sonstige Kontraindikatoren, die ihre Leistungsfähigkeit einschränken können, sind bei ihr nicht vorhanden. Die moderate sportliche Betätigung trägt zusätzlich positiv zu ihrer Gesundheit bei.

Anhand des Eingangstest wurde der Leistungsstatus der Testperson eruiert. Resultierend aus den geleisteten Endwerten konnte eine Ausdauerleistungsfähigkeit im guten Bereich erreicht werden.

Zusammenführend wurde ein durchschnittlicher Gesundheits- wie auch ein guter Leistungsstatus festgestellt. Im Hinblick auf die Belastung liegt sie, bezugnehmend auf den Eingangstest, bei einem Belastungsfaktor von 0,64. Zusätzlich schränkt ihr guter Gesundheitsstatus sie in keinster Weise beim Training und der Wahl des Trainingskonzeptes ein. Im Resümee ist die Testperson für die hohe körperliche Belastung des Trainings geeignet.

# 2 Zielsetzung und Prognose

Das übergeordnete Ziel der Probandin ist es, den Halbmarathon nächstes Jahr im Firmenteam erfolgreich zu bewältigen. Dies beinhaltet das Trainingsziel einer Steigerung der Ausdauerleistungsfähigkeit. Dafür sind eine biopositive Anpassung der aeroben Kapazität der Muskulatur, des cardiopulmonaren Systems und eine Verbesserung der Bewegungskoordination notwendig. Erreicht wird dies über ein sechsmonatiges Aufbautraining zur Stabilisierung der Grundlagenausdauer und Verbesserung der Aeroben Fitness hin zum Herz-Kreislauf-Training (Hottenrott, 2006, 64ff.).

Das Training wird alle sechs Wochen angepasst, damit eine ausreichende Belastung und Leistungssteigerung gewährleistet wird.

Ein anderes Ziel ist die Erhöhung des Muskelanteils von 30% auf mindestens 35% und die Verringerung des Körperfettanteils von 32% auf unter 26%.

Durch das Ausdauertraining, das jeweils über eine Stunde im aeroben Bereich stattfindet, werden zunehmend auch Fettsäuren verbrannt. Dadurch sinkt der Fettanteil. Der Muskelanteil steigt durch die muskuläre Beanspruchung des Trainings. Das Ziel soll nach sechs Monate messbar erreicht sein. Vorrausgehend ist hierbei ebenfalls regelmäßiges Ausdauertraining nach dem Trainingsplan (Hollmann & Hettinger, 2000, S. 379). Dennoch darf die Ernährung nicht außer Acht gelassen werden. Die Probandin soll sich weiterhin gesund und ausgewogen, entsprechend der maximalen Kalorienzufuhr, ernähren.

6

Ein weiteres Ziel ist die Verbesserung des Gesundheitszustands der Probandin, im Hinblick auf die Stresstoleranz und die bessere Konzentrationsfähigkeit im Beruf.

Mit steigendem Ausdauertrainingsniveau verringert sich die Ausschüttung von Stresshormonen im Alltag wie auch in der Trainingsphase, wodurch die Probandin eine höhere Stressresistenz aufweisen kann. Auch die Wirksamkeit der Leistungshormonen STH und Cortisol, erhöht sich. Diese Hormone haben einen stark dämpfenden Einfluss auf das vegetativen Nervensystems und erhöhen die Leistungs- und Konzentrationsfähigkeit (Zintl & Eisenhut, 2001, S. 68).

Nach sechs Wochen planmäßiges Ausdauertraining kann sich eine leichte subjektive Verbesserung einstellen, welche sich im Alltag und im Beruf bemerkbar machen wird.

# 3 Trainingsplanung Mesozyklus

## 3.1 Grobplanung des Mesozyklus

Tabelle 3: Ausdauertraining Grobplanung

| 1. Mesozyklus (Dauer: 6 Wochen) | |
|---|---|
| Trainingsziele | • Hinführung zum regelmäßigen Training<br>• Aktive Unterstützung der Regeneration<br>• Erhöhung Belastbarkeit für nachfolgende intensive Trainingseinheiten<br>• Aufbau Grundlagenausdauer<br>• Stabilisierung Grundlagenausdauer<br>• Erhöhung aerobe Leistungsfähigkeit |
| Trainingsmethoden | • Extensive Dauermethode (RECOM)<br>• Extensive Dauermethode<br>• Variable Dauermethode |
| Gesamttrainingsumfang / Woche | 2,17- 2,75 Stunden |
| Trainingshäufigkeit / Woche | 3-mal |
| Dauer pro Trainingseinheit | • 35-55 min (regenerativ)<br>• 40-66 min (extensiv)<br>• 45-50 min (variabel) |
| Belastungsintensität | • 50-60% $Hf_{max}$ (regenerativ)<br>• 60-75% $Hf_{max}$ (extensiv)<br>• 70-85% $Hf_{max}$ (variabel) |

| Trainingsgeräte | Crosstrainer, Laufband, Radergometer |
| --- | --- |

## 3.2 Detailplanung des 1. Mesozyklus

**Tabelle 4: Ausdauertraining Detailplanung**

**Anzahl der Trainingseinheiten:** 3 Tage je Woche (ohne Nordic Walking am Wochenende)
**Wöchentlicher Trainingsumfang:** Wo 1: 130 min / Wo 2: 150 min / Wo  3: 140 min / Wo 4: 140 min / Wo 5: 145 min / Wo 6: 165 min

| Woche 1 | MO | MI | FR | (SA) |
| --- | --- | --- | --- | --- |
| Trainingsziel | GA1 | GA1 | REKOM | |
| Trainingsmethode | Extensive DM | Extensive DM | Extensive DM | 120 min |
| Trainingsintensität | 70-75% Hf$_{max}$ | 60-70% Hf$_{max}$ | 50-60% Hf$_{max}$ | |
| Trainingsherzfrequenz | 134-144 S/min | 115-134 S/min | 86-103 S/min | Nordic |
| Trainingsdauer | 45 min | 50 min | 35 min | Walking |
| Trainingsgerät | Crosstrainer | Laufband | Radergometer | (Verein) |
| **Woche 2** | **MO** | **MI** | **FR** | **(SA)** |
| Trainingsziel | GA1 | GA1 | REKOM | |
| Trainingsmethode | Extensive DM | Extensive DM | Extensive DM | 120 min |
| Trainingsintensität | 70-75% Hf$_{max}$ | 60-70% Hf$_{max}$ | 50-60% Hf$_{max}$ | |
| Trainingsherzfrequenz | 134-144 S/min | 115-134 S/min | 86-103 S/min | Nordic |
| Trainingsdauer | 50 min | 60 min | 40 min | Walking |
| Trainingsgerät | Crosstrainer | Laufband | Radergometer | (Verein) |
| **Woche 3** | **MO** | **MI** | **FR** | **(SA)** |
| Trainingsziel | GA1 | GA1 | REKOM | |
| Trainingsmethode | Variable DM | Extensive DM | Extensive DM | 120 min |
| Trainingsintensität | 75-85% Hf$_{max}$ | 70-75% Hf$_{max}$ | 50-60% Hf$_{max}$ | |
| Trainingsherzfrequenz | 144-163 S/min | 134-144 S/min | 86-103 S/min | Nordic |
| Trainingsdauer | 45 min   (5:5) | 50 min | 45 min | Walking |
| Trainingsgerät | Crosstrainer | Laufband | Radergometer | (Verein) |
| **Woche 4 [*]** | **MO** | **MI** | **FR** | **(SA)** |
| Trainingsziel | GA 1 | GA1 | REKOM | |
| Trainingsmethode | Extensive DM | Extensive DM | Extensive DM | 120 min |
| Trainingsintensität | 70-75% Hf$_{max}$ | 60-70% Hf$_{max}$ | 50-60% Hf$_{max}$ | |
| Trainingsherzfrequenz | 134-144 S/min | 115-134 S/min | 86-103 S/min | Nordic |
| Trainingsdauer | 45 min | 50 min | 45 min | Walking |
| Trainingsgerät | Crosstrainer | Laufband | Radergometer | (Verein) |
| **Woche 5** | **MO** | **MI** | **FR** | **(SA)** |
| Trainingsziel | GA1 | GA1 | REKOM | |
| Trainingsmethode | Variable DM | Extensive DM | Extensive DM | 120 min |
| Trainingsintensität | 75-85% Hf$_{max}$ | 70-75% Hf$_{max}$ | 50-60% Hf$_{max}$ | |
| Trainingsherzfrequenz | 144-163 S/min | 134-144 S/min | 86-103 S/min | Nordic |
| Trainingsdauer | 45 min   (5:5) | 50 min | 50 min | Walking |
| Trainingsgerät | Crosstrainer | Laufband | Radergometer | (Verein) |
| **Woche 6** | **MO** | **MI** | **FR** | **(SA)** |

| Trainingsziel | GA1 | GA1 | RECOM | |
|---|---|---|---|---|
| Trainingsmethode | Variable DM | Extensive DM | Extensive DM | 120 min |
| Trainingsintensität | 75-85% Hf$_{max}$ | 70-75% Hf$_{max}$ | 50-60% Hf$_{max}$ | |
| Trainingsherzfrequenz | 144-163 S/min | 134-144 S/min | 86-103 S/min | Nordic |
| Trainingsdauer | 50 min  (10:10) | 60 min | 55 min | Walking |
| Trainingsgerät | Crosstrainer | Laufband | Radergometer | (Verein) |
| [*] = Entlastungswoche mit reduzierter Belastung | | | | |

## 3.3  Begründung zum 1. Mesozyklus

Der 1. Mesozyklus besteht aus je drei Trainingseinheiten pro Woche, mit einem wöchentlichen Umfang von 2,17-2,75 Stunden. Der zeitliche Umfang orientiert sich an den Angaben der verfügbaren Zeit der Probandin.

Da die Probandin nur eine mittelmäßige Ausdauerfähigkeit besitzt, und diese auf Halbmarathon-Niveau steigern möchte, beinhaltet der Trainingsplan überwiegend Grundlagenausdauertraining (GA1). Diese Trainingsmethode ist für die Probandin sehr gut geeignet um ihre Grundlagenausdauer, als fundamentale Basis für eine gute Leistungsfähigkeit, aufzubauen und zu stabilisieren (Neumann et al., 2007; Hottenrott, 2006). Aufgeteilt ist das Training auf Montag, Mittwoch und Freitag, mit jeweils einem Tag zur Regeneration dazwischen (Zintl & Eisenhut, 2001). Damit wird ein optimales Verhältnis von Belastung und Erholung gewährleistet, um die Trainingsreize verarbeiten zu können und morphologischen und funktionalen Trainingsanpassungen vollzogen werden können (Neumann et al., 2007).

Das Ausdauertraining gestaltet sich um die Dauer von 6 Wochen, in der eine leichte, kontinuierliche Steigerung festgelegt wird. Damit die progressive Belastungssteigerung jedoch gewährleistet werden kann, wird in der vierten Woche ein regeneratives Training angesetzt, das die Erholung und den Stressabbau fördert (Neumann et al., 2007). Dafür wird die Belastung, die in der ersten und zweiten Trainingswoche verwendet wurden, wiederholt. Durch die funktionale Trainingsanpassung dieser Belastung, kann diese Trainingseinstellung als Entlastungstraining für die vierte Trainingswoche genutzt werden.

Als Trainingsgeräte wurden ein Laufband, ein Radergometer und Crosstrainer gewählt. Die Wahl des Laufbands wurde durch die Zielsetzung der Probandin, einen Halbmarathon zu absolvieren, fest eingeplant. Darüber hinaus wurde ergänzend ein weniger belastendes, und Laufband ähnliches Gerät gewählt: den Crosstrainer.

Um eine Stagnation der Ausdauerentwicklung zu umgehen wird zudem das Radergometer eingeplant. Mit den drei unterschiedlichen Belastungsreizen kommt es mit insgesamt drei Geräten im Trainingsplan zur permanente Stimulation und Neuanpassung des Körpers, und sorgt auch für Spaß und Motivation durch Abwechslung beim Training (Neumann et al., 2007).

Die verwendete Formel für die Vorhersage der Herzfrequenz war die Faustformel der maximalen Herzfrequenz für Laufen, Walken und dem Fahrrad (ACSM, 1998c, S.975; Kindermann, 1987a, S. 244-268; Rost & Appell, 2001, S. 405; Schwarz, Schwarz, Urhausen & Kindermann, 2002, S. 293).

Bei der Trainingsplanerstellung war die Berücksichtigung einer angemessenen Belastungsintensität wichtig. Da die Probandin Einsteiger im Ausdauertraining ist, startet sie daher erst mit einer extensiven Dauermethode im Grundausdauertraining mit 70-75% $Hf_{max}$ am Crosstrainer und mit 60-70% $Hf_{max}$ am Laufband (Hottenrott, 1997, 2006; Neumann et al., 2007, S.131).

Gesteigert wird das Training in der zweiten Woche anhand einer Erhöhung des Umfangs, da die Häufigkeit anhand der zeitlichen Begrenzung nicht möglich ist.

In der dritten Woche wird wieder die ursprüngliche Zeit der ersten Woche verwendet und die Intensität an beiden Geräten erhöht. Die Probandin trainiert ab der dritten Woche am Crosstrainer in der variablen Dauermethode, um den gewünschten trainingswirksamen Reiz kontinuierlich zu erhalten.

Die vierte Woche ist die Entlastungswoche mit einer reduzierten Belastung, für die ausreichende Regeneration und Erholung der Muskulatur und des Bewegungsapparats hin zu physiologischen Anpassungen (Schnabel et al., 2011).

Die fünfte Woche spiegelt die dritte Trainingswoche wieder, um keine Trainingsüberforderung, nach der vorherigen regenerativen Woche, zu provozieren.

Abschließend wird mit der sechsten Woche wieder wird die Trainingsdauer erhöht und setzt somit eine neuen Anforderungsbereich für die Probandin. Diese muss nun erstmals in der GA1 die extensive Dauermethode und variable Dauermethode, im 5:5 Intervall-Training, über eine Zeitspanne von 60 und 50 Minuten bewältigen.

Das Regenerations- und Kompensationstraining (REKOM) wird dagegen dauerhaft freitags und auf dem Radergometer absolviert, da die Probandin dreimal die Woche trainieren möchte, jedoch am darauf folgenden Samstag wöchentlich Nordic Walking ausübt. Diese Trainingsform wird lediglich bei einer Herzfrequenz von 50-60% Hf$_{max}$ absolviert und erhöht sich nur fast wöchentlich vom Umfang um fünf Minuten (Hottenrott, 2006).

Zum Ende des gesamten Trainingsplans wird die aerobe Leistungsfähigkeit und die Grundausdauer gesteigert (Zintl & Eisenhut, 2001).
Damit wurde die Probandin optimal für die höhere Belastung des folgenden Mesozyklus trainiert.

# 4 Literaturrecherche – Effekte des Ausdauertrainings bei arterieller Hypertonie

Die nachfolgende Tabelle vergleicht zwei unterschiedliche Studien miteinander mit der Thematik Ausdauertraining bei arterieller Hypertonie. Studie A steht für die Studie Effekte eines 12-wöchigen Ausdauertrainings auf die körperliche Leistungsfähigkeit und den psychischen Zustand von Patienten mit isolierter systolischer Hypertonie (Meißner, 2011). Diese wird der Studie B, Bewegungstherapie bei arterieller Hypertonie, gegenüber gestellt (Schmid et al., 2000).

**Tabelle 5: Vergleich zweier Studien zur arteriellen Hypertonie**

| | Studie A | Studie B |
|---|---|---|
| **Studienleiter** | R. Meißner | P. Schmid, R. Pokan, H. Pilz |
| **Publikation** | 2011 | 2000 |
| **Forschungsfrage** | 1. Wie wirkt sich eines zwölfwöchigen Ausdauertrainings auf den körperlichen Zustand, die kardiovaskuläre Funktion und das Wohlbefinden bei Patienten mit Hypertonie aus? <br> 2. Welche Methoden eignen sich am besten zur Festlegung der Intensität und Trainingssteuerung eines Trainingsprogrammes bei Hochdruckpati- | 1. Welche Hypertoniker dürfen einer Bewegungstherapie unterzogen werden und wie hat diese zu erfolgen? <br> 2. Welche Untersuchungen sind vorab notwendig? <br> 3. Wie wirkt sich das Ausdauertraining auf die Leistungsfähigkeit und die arterielle Hy- |

| | enten? | pertonie aus? |
|---|---|---|
| **Versuchs-personen** | Testpersonen mit:<br>• Bluthochdruck (>140/90 mmHg)<br>• Alter ≥ 60 Jahre<br>Testpersonen ohne:<br>• Regelmäßigen Sport vor Beginn<br>• Arteriellen Verschlusskrankheit<br>• Aorteninsuffizienz, Stenose<br>• Herzinsuffizienz<br>• Absolute Arrhythmien<br>• Systolischer Blutdruck > 180 mmHg<br>• Ischämiezeichen im EKG<br>• Veränderungen der medikamentösen Therapie in den letzten 6 Wochen | Testpersonen mit:<br>• Grenzwerthypertonie (140–159/ 90–94 mmHg)<br>• Milder Hypertonie (90–104 mmHg diastolisch)<br>• Isolierter systolischer Hypertonie (bis 170 mmHg systolisch)<br>• Geringgradiger Belastungshypertonie<br>• Mittelschwere Hypertonie (105–114 mmHg diastolisch) |
| **Versuchs-aufbau** | Alle Probanden absolvierten eine Eingangsuntersuchung und eine Laufbandspiroergometrie.<br>Das 12-wöchige Ausdauertraining wurde dreimal pro Woche auf dem Laufband durchgeführt.<br>Das Trainingsprogramm wurde nach einem Intervall-Schema, 30-40 Minuten lang, durchgeführt. Dabei wurde der Belastungsumfang systematisch gesteigert, mit 3 minütigen Pausen.<br>Abgebrochen wurde das Training bei Krankheit, Schmerzen und Blutdruckwerten systolisch über 220 mmHg. Bei längerfristiger Krankheit, die ein weiteres Training nicht ermöglicht, kam es zum Ausschluss aus der Studie.<br>Am Ende der Studie erfolgte eine Abschlussuntersuchung. | Vor der Bewegungstherapie erfolgt eine Anamnese und Untersuchung der Probanden.<br>Die Bewegungstherapie sind in erster Linie dynamische Belastungen, mindestens 10min und 50% der maximalen Leistungsfähigkeit, mit aerober Energiebereitstellung und geringer statischer Komponente. |
| **Ergebnis / Schlussfolgerung** | 1. Die Leistungsfähigkeit wurde um durchschnittlich 40 Watt verbessert.<br>2. Der submaximale systolische Blutdruck, der submaximale Laktat-Wert, die submaximale Herzfrequenz und der submaximale Borg-Wert sanken.<br>3. Es kam zu einem Absinken des Blutdruck-Wertes um 31,4 mmHg.<br>4. Die Koordination der Bewegungsabläufe auf dem Laufband verbesserte sich.<br>5. Der altersentsprechende Laktat-Wert sank von anfänglich 1,613 mmol/l auf 0,9073 mmol/l.<br>6. Die Herzfrequenz sank von 111,4 S/min auf 92,9 S/min.<br>7. Sofern keine kardiovaskulären Hochdruckfolgenvorliegen, sind bei einer milden bis mittelschweren Hypertonie | 1. Eine Bewegungstherapie bei arterieller Hypertonie führt zu einer Senkung des Blutdrucks um 15–21mmHg systolisch bzw. 6–10 mmHg diastolisch ab. Je häufiger und länger trainiert wurde, umso ausgeprägter war die Senkung.<br>2. Kardiovaskuläre Risikofaktoren und Ereignisse, z.B. Bluthochdruck, werden positiv beeinflusst oder reduziert.<br>3. Die Gefahr während des Ausdauertrainings an einem akuten Ereignis zu versterben, bei<br>4. korrekter Indikation; Überwachung und richtiger Ausfüh- |

| dynamische, ausdauerorientierte, sportliche Betätigungen möglich. | rung, ist relativ gering.<br>5. Ein weiter Effekt ist die Reduktion des Körpergewichtes. |
| --- | --- |

# 5 Literaturverzeichnis

American College of Sports Medicine. (1998c). The recommended quantity and quality of exercise for developing an maintaining cardiorespiratory and muscular fitness, and flexibility in healthy adults. *Medicine and silence in sports and exercise, 30* (6), 975-991.

Hollmann, W. & Hettinger, T. (2000). *Sportmedizin. Grundlagen für körperliche Aktivität, Training und Präventivmedizin* (4. Aufl.). Stuttgart: Schattauer.

Hottenrott, K. (1997). *Ausdauertraining. Intelligent effektiv erfolgreich* (4. Aufl.). Lünneburg: Wehdemeier & Punsch.

Hottenrott, K. (2006). *Trainingskontrolle mit Herzfrequenz-Messgeräten* (1. Aufl.). Aachen: Meyer & Meyer.

Kindermann, W. (1987a). Ergometrie-Empfehlungen für die ärztliche Praxis. *Deutsche Zeitschrift für Sportmedizin, 38* (6), 244-268.

Meißner, R. (2011). *Effekte eines 12-wöchigen Ausdauertrainings auf die körperliche Leistungsfähigkeit und den psychischen Zustand von Patienten mit isolierter systolischer Hypertonie.* Dissertation, Medizinische Fakultät Charité: Berlin.

13

Neumann, g., Pfützner, A. & Berbalk, A. (2007). *Optimiertes Ausdauertraining* (5. überarb. Aufl.) Aachen: Meyer & Meyer.

Ostchega, Y., Porter, K., Hughes, J. et al. (2011). Resting pulse rate reference data for children, adolescents, and adults 1999-2008. *National Vital Statistics, 41* (1), 1-16.

Rost, R. & Appell, H.-J. (Hrsg.). (2001). *Lehrbuch der Sportmedizin*. Köln: Deutscher Ärzte-Verlag.

Schmid, P., Pilz, H., Pokan, R. (2000). Bewegungstherapie bei arterieller Hypertonie. *Journal für Hypertonie – Austrian Journal of Hypertension, 4* (3), 19-25.

Schnabel, G., Harre, H.-D, Krug, J. (2011). *Trainingslehre – Trainingswissenschaft. Leistung, Training, Wettkampf.* (2. aktualisierte Aufl.). Aachen: Meyer & Meyer.

Schwarz, M., Schwarz, L., Urhausen, A. & Kindermann, W. (2002). Walking. *Deutsche Zeitschrift für Sportmedizin, 53* (10), 292-293.

Trunz, E. (2001). *IPN-Test – Ausdauertest für den Fitness- und Gesundheitssport. Köln, Institut für Prävention und Nachsorge.* Köln.

Wolfarth, B. (2013). *Leitlinie Vorsorgeuntersuchung im Sport. Erhebungsbogen Klinische Untersuchung.* Frankfurt am Main: Deutsche Gesellschaft für Sportmedizin und Prävention (Deutscher Sportärztebund) e.V.

World Helath Organization – International Society of Hypertension. (1999). Guidelines for the management of hypertension. *Journal of Hypertension. 17*, 151-183.

World Health Organization. (2000). Obesity: preventing and managing the global epidemic. *WHO Technical Report. 894.* 9-10.

Zintl, F. & Eisenhut, A. (2001). *Ausdauertraining. Grundlagen Methoden Trainings-steuerung* (5. überarb. Aufl.). München: BVL.

# 6 Tabellenverzeichnis